ARRÊTÉ PRÉFECTORAL

du 8 Juin 1909

RELATIF A LA CONCESSION

de la Distribution de l'Énergie électrique

dans Paris

Prix : 0.50

PUBLICATIONS

DE L'INDUSTRIE ÉLECTRIQUE

9, RUE DE FLEURUS, 9

1910

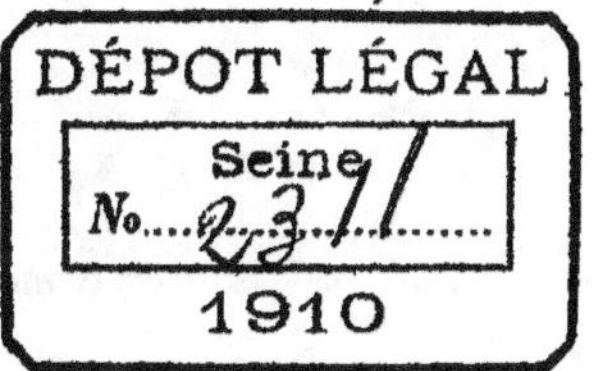

ARRÊTÉ PRÉFECTORAL

du 8 juin 1909

relatif à la concession
de la
distribution de l'énergie électrique
dans Paris

TITRE PREMIER. — CONDITIONS GÉNÉRALES.

Conditions d'application du présent arrêté. — Contrôle.
Revision.

Article premier. — Le courant électrique ne sera livré qu'aux propriétaires ou abonnés dont les installations satisferont, au moment de leur établissement et à une époque quelconque, aux prescriptions du présent arrêté.

La Ville et les concessionnaires auront à tout moment le droit de vérifier que ces prescriptions sont bien observées. Les agents chargés du contrôle devront justifier de leur qualité.

Art. 2. — Les installations et appareils existant préalablement à la promulgation du présent arrêté pourront être conservés même s'ils ne lui sont pas conformes de tout point. La conformité devra être rétablie au fur et à mesure des remplacements.

Toutefois, seront appliquées sans délai, et pour toutes les installations anciennes ou nouvelles, les prescriptions concernant : la résistance à la rupture (art. 14); — les précautions contre les élévations excessives de température (art. 15); — l'exactitude des compteurs (art. 77 à 83).

Renseignements à fournir par les concessionnaires.

Art. 3. — Les concessionnaires indiqueront, à toute personne qui en fera la demande, la nature du courant qui pourra être mis à sa disposition.

Raccordement des immeubles avec la canalisation publique.

Art. 4. — Le branchement sur la canalisation publique et toutes les installations nécessaires pour amener le courant dans l'immeuble jusques et y compris la boîte de coupe-circuit principale ou le poste de transformateur seront installés par les concessionnaires et deviendront la propriété de la Ville de Paris, conformément à l'article 71 de la convention du 5 septembre 1907.

Art. 5. — La boîte de coupe-circuit principale ou le transformateur seront placés dans un local sec et aéré, toujours accessible aux concessionnaires.

Art. 6. — Les propriétaires ou concessionnaires auront le droit de modifier, déplacer ou transformer la partie de branchement d'immeuble visée à l'article 4.

Les dépenses de cette transformation seront à la charge du propriétaire ou des concessionnaires, suivant que les motifs qui l'auront nécessitée seront du fait de l'un ou des autres.

Exécution et vérification des installations
faites par les particuliers.

Art. 7. — Tout ce qui est au delà de la boîte de coupe-circuit principale ou du transformateur sera exécuté par les concessionnaires, les propriétaires ou les abonnés, conformément à l'article 71 de la convention du 5 septembre 1907.

Art. 8 (ainsi modifié par arrêté du 27 décembre 1909). — Les concessionnaires seront, mais seulement en ce qui concerne les installations situées avant les compteurs, prévenus en temps utile des travaux à faire par les propriétaires ou abonnés, de façon à pouvoir les contrôler en cours d'exécution.

Art. 9. — La mise en service d'une installation ne sera faite que par les concessionnaires.

Art. 10. — Avant le raccordement d'une installation au réseau, celle-ci sera soumise à la vérification des concessionnaires, l'abonné ou propriétaire ayant été convoqué et pouvant assister en personne ou se faire représenter.

L'abonné ou propriétaire est tenu de donner toutes facilités pour cette vérification.

Art. 11. — En aucun cas, malgré la vérification et la mise en service des installations, les concessionnaires n'encourront de responsabilité à raison des défectuosités qui ne seront pas de leur fait ou du fait de leurs ouvriers ou entrepreneurs.

Conditions d'établissement communes aux diverses installations.

Art. 12. — Les installations ne devront pas être disposées de façon à pouvoir recevoir le courant d'une source étrangère au réseau des concessionnaires.

Exception sera faite s'il est employé des dispositifs spéciaux permettant de séparer le courant du réseau des concessionnaires et le courant de toute autre provenance.

Art. 13. — Les canalisations installées dans un même local et affectées à des usages différents du courant pour lesquels le tarif n'est pas le même devront être entièrement séparées et faciles à distinguer.

Art. 14. — Toutes les parties de l'installation devront résister à une tension double de la tension normale, et de même nature, soit entre deux conducteurs, soit entre un conducteur quelconque et la terre, la tension d'épreuve ne devant jamais dépasser 500 volts.

Art. 15. — Dans toutes les parties de l'installation, les sections des conducteurs seront calculées de façon que l'échauffement ne puisse pas dépasser 25° C au-dessus de la température ambiante.

Conditions d'exploitation communes aux diverses installations.

Art. 16. — Les concessionnaires auront seuls le droit d'accès aux appareils de jonction desservant tout branchement collectif ou particulier.

Ces appareils ne pourront être ouverts, fermés, plombés ou déplombés que par leurs soins.

Art. 17. — L'abonné et le propriétaire, chacun en ce qui le concerne, devront prévenir les concessionnaires avant d'apporter une modification dans leurs installations; ils devront également les prévenir si quelque anomalie ou accident survient dans le fonctionnement de ces installations.

Art. 18. — Sur les canalisations en charge, aucun travail ne pourra être entrepris par les propriétaires ou abonnés, sans que les concessionnaires aient été régulièrement prévenus pour intervenir en temps utile.

Les concessionnaires fixeront le moment où le travail pourra être exécuté, de façon à garantir la sécurité de l'exploitation.

Art. 19. — Les concessionnaires auront le droit, après mise en demeure par lettre recommandée, de couper le courant sur toute canalisation qui, n'ayant pas été réparée en temps utile, ne satisferait pas aux conditions du présent arrêté.

Insuffisance des installations,

Art. 20. — Les canalisations de diverse nature à faire pour réunir un immeuble au réseau général ou pour desservir cet immeuble seront établies d'après les besoins de cet immeuble, conformément à la déclaration écrite du propriétaire.

. Avant exécution, le propriétaire ou l'abonné fournira tous les éléments d'appréciation sur la longueur des diverses canalisations et l'importance des locaux à desservir.

Si les prévisions se trouvent insuffisantes du fait du propriétaire ou de l'abonné, les concessionnaires ne seront tenus de fournir le courant supplémentaire demandé que lorsque les parties insuffisantes auront été renforcées, aux frais du ropriétaire ou de l'abonné, depuis et y compris la jonction vec la canalisation publique.

TITRE II. — Canalisations intérieures avant les compteurs. -

Section A. — Dispositions générales.

Nombre de fils.

Art. 21. — Les canalisations collectives d'immeubles seront au moins à 3 fils si elles sont reliées à un réseau à fils multiples.

Elles devront être à 5 fils lorsqu'elles seront reliées à un réseau à 5 fils continu ou alternatif, si la puissance totale des compteurs, prévue par le propriétaire, dépasse 50 hectowatts.

Ces conditions s'appliqueront à tout branchement individuel d'abonné alimentant un ou plusieurs compteurs d'une puissance totale supérieure à 25 hectowatts.

Chute de tension

Art. 22 (ainsi modifié par arrêté du 27 décembre 1909). — Les canalisations intérieures seront établies de façon qu'il ne puisse pas y avoir plus de 1,5 volt de chute de tension par pont entre la boîte de coupe-circuit principale ou la sortie du transformateur, et l'un quelconque des compteurs, les canalisations étant supposées utilisées à leur pleine puissance telle qu'elle aura été déclarée par le propriétaire, en vertu de l'article 20, § 1er, du présent arrêté.

Cette pleine puissance correspond, pour chaque installation

desservie par compteur spécial, non à la puissance totale des appareils de consommation alimentés, mais à la puissance maxima que le propriétaire aura déclaré devoir être utilisée, à un moment donné et en vue de laquelle le compteur aura été établi.

Dans les canalisations communes de l'immeuble, la puissance à considérer pour chaque tronçon sera la somme des puissances maxima des installations particulières qu'il dessert.

Section minima.

Art. 23. — Pour les canalisations intérieures d'immeubles, jusqu'au compteur, on n'emploiera pas de câbles de moins de 5,2 mm de section.

Raccordement.

Art. 24. — Sur les canalisations raccordées à des réseaux alternatifs à deux fils, pour les parties situées avant le compteur, les raccordements pourront se faire au moyen d'épissures.

Art. 25. — Sur les canalisations intérieures raccordées à des réseaux continus ou alternatifs à 3 ou 5 fils, pour les parties situées avant le compteur, il sera posé à chaque bifurcation un appareil spécial dénommé *distributeur* et décrit plus bas, section B (art. 34 à 38).

Art. 26. — Sur chaque branchement individuel d'abonné et aussi près que possible de l'origine, il sera placé un coffret décrit plus bas, section C (art. 39 à 53).

Emplacement des diverses parties de l'installation.

Art. 27. — Il est interdit de faire passer sur une façade donnant sur une voie publique aucune partie de canalisation située avant le compteur.

Art. 28. — Les canalisations situées avant les compteurs devront toujours emprunter les passages communs des immeubles.

En cas d'impossibilité, il sera pris des précautions supplémentaires soumises à l'acceptation des concessionnaires.

Art. 29. — Entre l'origine du branchement particulier d'abonné et le coffret d'une part; d'autre part, entre le coffret et le compteur, les conducteurs ne devront présenter ni épissure ni raccordement.

Les abonnés pourront établir un interrupteur entre le coffret et le compteur, à condition de faire agréer par les concessionnaires des dispositifs spéciaux donnant toute garantie contre les fraudes.

Art. 30. — Une gaine métallique sans solution de continuité pourra être exigée si un branchement particulier d'abonné traverse une ou plusieurs pièces du local desservi avant d'arriver au compteur.

Cette gaine ne sera pas exigée dans le cas de branchements composés de deux conducteurs concentriques.

Section B. — Distributeurs

Description générale.

Art. 51. — Le distributeur est essentiellement formé de deux séries de barres suivant deux directions perpendiculaires, reliées, les unes à la canalisation principale, les autres à la canalisation dérivée.

Le nombre des barres de chaque série est égal au nombre des conducteurs de la canalisation dont le distributeur reçoit le courant.

Sera également agréé tout dispositif permettant d'éviter la coupure des câbles sur le circuit principal et de réduire le nombre des raccords sur bornes.

Parties conductrices.

Art. 52. — Le serrage des conducteurs se fera au moyen de cuvettes munies de plaquettes de recouvrement et d'écrous en dessous desquels sera interposée une rondelle Grower.

Pour les intensités supérieures à 30 ampères, on pourra substituer au serrage par cuvette un serrage par étrier.

Les écrous seront carrés.

Les vis seront conformes au système international, avec pas de 0,9 mm pour les vis de 5 mm, et de 1 mm pour les vis de 6 mm.

Art. 53. — Les diverses pièces recevant du courant, barres, plaquettes, vis, écrous, etc., ne présenteront aucune arête vive.

Art. 54. — L'écartement sera au minimum de 5 mm, entre les barres inférieures et les barres supérieures.

Art. 55. — Les dimensions des diverses parties des distributeurs seront les suivantes (en mm) :

Intensité par barre en ampères.	Jusqu'à 30.	Au-dessus de 30 jusqu'à 100.
Largeur des barres.	15	20
Épaisseur des barres.	3	5
Intervalles entre les barres (espace libre entre les parties les plus saillantes).	12	12
Diamètre des vis.	5	6
Côté du carré des écrous.	9	10

Socle et enveloppe.

Art. 36. — Le socle sera en porcelaine, marbre, ou toute autre matière équivalente.

Art. 37. — Le distributeur sera enfermé dans une boîte avec couvercle.

Ce couvercle sera garni intérieurement d'une matière isolante et incombustible.

Il devra assurer une fermeture hermétique, être facile à manœuvrer, et comporter un dispositif de plombage.

Au passage des câbles à travers le couvercle, le jeu devra être aussi réduit que possible.

Les entrées non utilisées seront bouchées.

La boîte sera légèrement écartée de la paroi la supportant.

Art. 38. — Les boîtes des distributeurs seront plombées et déplombées par les concessionnaires seuls.

Les raccordements y seront exécutés par les concessionnaires seuls, les conducteurs ayant été amenés par le propriétaire ou l'abonné de façon que le travail puisse se faire aussitôt après réception des canalisations à raccorder.

Section C. — Coffrets

Description générale. — Emplacements.

Art. 39. — Le coffret renferme les appareils de sécurité servant également à brancher et débrancher chaque abonné.

Art. 40. — Le coffret sera placé au minimum à 0,50 m du sol.

Sur les réseaux alternatifs à deux fils, il sera placé au maximum à 1,50 m du sol.

Appareils intérieurs.

Art. 41. — Aucune partie du fusible ne sera écartée du socle de moins de 10 mm.

Art. 42. — Une cloison isolante et incombustible séparera les touches de polarité différente sur toute la longueur du coffret.

Elle dépassera de 5 mm au moins les têtes des vis les plus élevées.

Art. 43. — Une substance isolante et incombustible, facile à remplacer, sera placée sur le socle en dessous du fusible.

Art. 44. — Les touches auront une longueur suffisante pour assurer un contact efficace entre le conducteur et le fusible.

Jusqu'à 30 ampères, les touches, du côté des conducteurs, seront à cuvette avec plaquette de recouvrement. Le serrage se fera par un écrou et une rondelle Grower.

Au-dessus de 30 ampères, les touches pourront être à cuvette ou à étrier. Si elles sont à cuvette, il sera établi deux vis de serrage dans le sens de la longueur.

Les pièces recevant le courant ne présenteront aucune arête vive.

Art. 45. — Les vis seront conformes au système international avec pas de 0,9 mm pour les vis de 5 mm et de 1 mm pour les vis de 6 et 7 mm.

Art. 46. — Les dimensions des appareils contenus dans les coffrets seront les suivantes (en mm) :

Intensité par touche. en ampères	Jusqu'à 30.	De 31 à 100.	De 101 à 500.
Largeur des touches	15	20	40
Épaisseur des touches	5	5	12
Intervalles entre touches (espace libre entre les parties les plus saillantes). . . .	15	15	25
Longueur utile des fusibles ·			
110,2 v $\times$ 110 v	30	40	60
2 $\times$ 220 v, 440 v	50	60	80
Diamètre des vis	5	6	7
Largeur des écrous.	9	10	12

Socle et enveloppe.

Art. 47. — Le socle sera en marbre, porcelaine, ou toute autre substance équivalente.

Art. 48. — L'enveloppe du coffret sera en fonte lorsque le coffret sera à moins de 2 m du sol.

Les parois latérales et le fond seront garnis d'une matière isolante et incombustible.

Art. 49. — Les dimensions de la boîte seront aussi réduites

que possible sans nuire à la facilité des manœuvres et au bon
fonctionnement.

Art. 50. — Dans les coffrets placés en saillie, le jeu, au
passage des câbles, sera aussi réduit que possible.

Un isolement supplémentaire protégera les conducteurs en
ces points.

Art. 51. — Les coffrets comporteront une fermeture hermétique.

Ils comporteront un dispositif d'ouverture et de fermeture
très simple, mais ne pouvant être manœuvré qu'avec un outil-
lage spécial que posséderaient seuls les agents des concessionnaires.

Art. 52. — Les coffrets porteront extérieurement le titre
de la *Compagnie de distribution d'électricité de Paris*.

Ils porteront intérieurement une étiquette destinée aux
inscriptions de service et ayant au minimum 50 × 15 mm.

Art. 53. — Le plombage et le déplombage du coffret, son
ouverture et sa fermeture, la manœuvre des appareils de
sûreté qu'il renferme, seront faits par les concessionnaires
seuls.

TITRE III. — Compteurs.

Conditions générales.

Art. 54. — Les compteurs devront être d'un type approuvé
par le préfet de la Seine.

Chaque compteur à mettre en service sera en outre sou-
mis à la vérification des concessionnaires en ce qui concerne
la bonne construction, la conformité aux prescriptions du
présent arrêté et l'exactitude.

Emplacement. — Tableau. — Passage des câbles sur le tableau.

Art. 55. — L'emplacement du compteur et de ses accessoires sera choisi d'accord entre l'abonné et les concessionnaires et sera situé le plus près possible du coffret.

Art. 56. — Le compteur sera fixé sur un tableau appuyé
sur un gros mur ou tout autre support à l'abri des vibrations.
Le bord inférieur de ce tableau sera au plus à 1,70 m du sol.

Le tableau sera en bois dur et sec de 0.02 m d'épaisseur
minimum. Il comportera des emboîtures aux deux extrémités.

Les dimensions maxima que le concessionnaire pourra
exiger sont : hauteur, 0,85 m ; largeur 0,45 m.

Art. 57. — Le tableau sera posé d'aplomb et fixé par l'abonné.

Il sera écarté d'au moins 1 cm de la paroi le supportant.

Il sera muni d'un dispositif de sûreté empêchant tout déplacement et toute denivellation à l'insu des concessionnaires et appliqué à deux vis de fixation diagonalement opposées.

Art. 58. — Aucun appareil appartenant à l'abonné autre que le compteur ne sera placé sur le tableau.

Art. 59. — Les câbles du branchement seront amenes jusqu'au bas du tableau en laissant une longueur supplémentaire égale à la hauteur de ce tableau pour permettre le raccordement avec le compteur.

Ce raccordement sera fait par les concessionnaires seuls.

Art. 60. — Le passage des câbles aura lieu exclusivement sur la face antérieure du tableau.

Organes accessoires. — Raccords. — Enveloppes.

Art. 61. — Les bornes de connexion des compteurs seront placées à la partie inférieure et disposées de façon que :

Pour les compteurs à deux fils, les bornes concessionnaire soient à gauche et les bornes abonné à droite.

Pour les compteurs à trois et cinq fils, les bornes concessionnaire et abonné alternent, en commençant par la gauche et dans l'ordre indiqué ci-dessus.

Art. 62. — Les bornes pour la fixation des fils aboutissant aux compteurs seront en laiton ; elles comporteront chacune deux vis de serrage.

Pour les calibres supérieurs à 100 ampères, les câbles seront reliés par l'intermédiaire de cosses en cuivre fixees chacune par deux vis au moins.

Art. 63. — Les vis de serrage des fils sur les bornes des compteurs seront en fer ou en acier.

Elles seront à tête fendue ou renforcées.

Elles seront établies suivant le système international.

Art. 64. — Sur un compteur, toutes les bornes seront de même dimension. Elles seront séparées par des cloisons isolantes de façon qu'un court-circuit ne soit pas possible.

Art. 65. — Les bornes des compteurs seront couvertes par un couvercle independant pouvant être plombé.

Ce couvercle enveloppera les bornes et les parties dénudées des câbles de façon à empêcher toute fraude.

Art. 66. — L'enveloppe des compteurs devra empêcher l'introduction de poussières ou d'insectes.

Elle devra pouvoir être facilement ouverte ou fermée par les concessionnaires.

Art. 67. — L'enveloppe des compteurs sera composée de deux parties pouvant se manœuvrer et se plomber séparément.

L'une d'elles permettra seulement l'accès aux pièces nécessitant un entretien courant.

L'autre protégera les pièces à manœuvrer pour le réglage du compteur.

Art. 68. — Des fenêtres permettront de voir directement la minuterie des compteurs et, s'il y a lieu, une partie du premier mobile suffisante pour qu'on puisse facilement compter le nombre de révolutions sans enlever l'enveloppe.

Les vitres de ces fenêtres seront fixées de façon à éviter l'introduction de poussières et à empêcher la fraude.

Leur dispositif de fixation devra en permettre le remplacement facile chez l'abonné, sans qu'une soudure soit nécessaire.

Art. 69. — Les vis de fixation du compteur sur le tableau seront disposées de telle sorte que, après le plombage du compteur, on ne puisse les dévisser.

Art. 70. — Les compteurs porteront, de façon bien apparente, l'indication de leurs caractéristiques techniques : tension ; intensités ; fréquence, s'il y a lieu ; constante d'étalonnage s'il y a lieu c'est-à-dire nombre de watts-heure équivalant à un tour du premier mobile.

Organes principaux.

Art. 71. — Dans les compteurs d'énergie, le circuit à fil fin sera fixé aux bornes d'entrée du compteur et devra pouvoir s'en détacher aisément.

Art. 72. — Les organes de réglage des compteurs devront pouvoir être manœuvrés d'une façon certaine et progressive.

Art. 73. — Les crapaudines des compteurs seront conformes au modèle approuvé par le préfet de la Seine.

La pierre employée sera de première qualité, bien polie, exempte de trous et de fentes.

Art. 74. — Les minuteries des compteurs seront à cadrans.

Le nombre des cadrans sera au minimum de 4 jusqu'à 10 hw et 5 au-dessus de 10 hw.

L'unité enregistrée par le dernier cadran sera l'hectowatt-heure jusqu'à 200 hw de puissance et le kw-h au-dessus ; les autres cadrans donneront les multiples decimaux de cette unité.

L'unité adoptée sera indiquée de façon bien apparente.

Art. 75. — Les compteurs qui ne peuvent être vérifiés en comptant le nombre de tours du premier mobile seront munis de cadrans fractionnaires donnant les dixièmes, centièmes, millièmes de l'unité adoptée.

Ces cadrans seront d'une couleur différente de celle des autres cadrans et ne porteront pas de chiffres.

Art. 76. — L'isolement des enroulements entre eux et l'isolement entre les enroulements et la masse devra être d'au moins 1 mégohm.

Les enroulements devront pouvoir résister pendant 15 minutes à une tension égale à quatre fois la tension de régime et de même nature.

Conditions d'exactitude.

Art. 77. — Les compteurs ne devront présenter aucune marche à vide.

Art. 78. — Les compteurs devront démarrer pour un débit au plus égal à :

1/100 du débit maximum si ce dernier est égal ou inférieur à 50 hw.

A 50 w si le débit maximum est compris entre 50 et 100 hw ;

1/200 du débit maximum si ce dernier est égal ou supérieur à 100 hw.

Art. 79. — L'erreur relative des compteurs, en plus ou en moins, mesurée séparément pour chaque circuit dans les compteurs à plusieurs circuits, devra, aux essais de laboratoire sur compteurs neufs, être égal au plus :

A 5 pour 100 pour les débits égaux ou supérieurs à 1/10 du débit maximum ;

A 5 pour 100 pour un débit égal au 1/20 du débit maximum.

Pour les essais faits sur place sur les compteurs en service, les limites ci-dessus de 3 et 5 pour 100 seront portées respectivement à 5 et 10 pour 100.

Art. 80. — La consommation des compteurs, lorsqu'il n'y a pas de débit, ne devra pas dépasser 1,5 w par 110 v pour les compteurs d'induction et 4 w par 110 v pour les autres compteurs.

Art. 81. — A pleine puissance, la perte de charge ne devra pas être supérieure à 1 v.

Art. 82. — Les compteurs de quantité ne seront admis que pour des intensités égales au plus à 10 a.

Dans les compteurs de cette catégorie, la perte de tension au débit maximum ne devra pas dépasser 0,5 v par 110 v.

Art. 83. — Les conditions ci-dessus (art. 77 à 82) seront exigibles :

a. A toute tension s'écartant au minimum de 10 pour 100 de la tension normale, en plus ou en moins ;

b. A toute température comprise entre 0 et 30° C ;

c. En ce qui concerne les compteurs alternatifs, pour toute valeur de la fréquence s'écartant au maximum de 10 pour 100 de la fréquence normale, en plus ou en moins ;

d. En ce qui concerne les compteurs alternatifs, pour toute valeur du facteur de puissance égale ou supérieure à 0,3.

TITRE IV. — Canalisations après les compteurs.

Répartition en circuits distincts.

Art. 84. — Les installations d'abonnés servant à l'éclairage et reliés au réseau à 3 ou 5 fils seront divisées en circuits de 25 hw au plus par 110 v.

Chaque circuit sera muni au départ d'un interrupteur et d'un coupe-circuit bipolaire placés aussi près que possible du compteur et sur un tableau distinct.

Sur les réseaux à 5 fils pour les installations de plus de 50 hw, le tableau sera disposé de façon à permettre de transporter les circuits d'un pont à un autre.

La puissance de chaque installation d'abonné sera distribuée entre les divers ponts du réseau de façon qu'à un moment quelconque la différence de débit entre deux ponts ne dépasse pas 25 hw.

Art. 85. — Les installations utilisant l'énergie pour des usages autres que l'éclairage et commandées par un compteur spécial seront, autant que possible, alimentées sous 220 v sur les réseaux à 3 ou 5 fils. Les appareils fonctionnant sous 110 v seront répartis en circuits de 25 hw au plus. Les appareils fonctionnant sous 220 v seront, autant que possible, répartis en circuits de 50 hw au plus.

Sur les réseaux à 5 fils, le tableau permettra de changer les circuits de pont.

Conditions générales.

Art. 86. — Tous les conducteurs et appareils devront, autant que possible, être accessibles, afin qu'on puisse en tout temps les contrôler et les remplacer.

Canalisations courantes.

Art. 87. — Il ne sera admis aucun conducteur de moins de 0,64 mm² de section.

Art. 88. — L'emploi de conducteurs nus devra être l'objet d'une entente entre l'abonné et les concessionnaires.

Art. 89. — Les conducteurs isolés seront munis d'une protection électrique et d'une protection mécanique.

Art. 90. — Les câbles sous plomb nu ne doivent jamais être mis en contact avec des corps attaquant le plomb.

Les câbles sous plomb nu noyés dans la maçonnerie seront protégés mécaniquement.

L'emploi de crochets ordinaires à tuyaux est interdit pour la fixation des câbles sous plomb.

Art. 91. — Les moulures servant de protection mécanique aux conducteurs ne présenteront aucune discontinuité.

Les angles des rainures sont arrondis aux changements de direction.

Art. 92. — Les fils souples devront toujours rester apparents.

Art. 93. — Dans les locaux où passent des conduites d'eau ou de vapeur, toutes précautions utiles seront prises pour éviter les effets des condensations d'eau ou de la chaleur.

Art. 94. — Dans les locaux humides, on intercalera des cales entre les murs et les moulures de façon à ménager un espace d'air d'au moins 5 mm.

Art. 95. — Au croisement des tuyaux de gaz ou d'eau, il sera ajouté un supplément d'isolement électrique et de protection mécanique.

Art. 96. — A la traversée des murs, cloisons et planchers, on encastrera des tuyaux mécaniquement résistants et les conducteurs seront garnis d'un isolement supplémentaire.

Dans les anciennes constructions où les prescriptions du paragraphe précédent ne pourraient être appliquées, le passage des conducteurs dans le vide des planchers pourra se faire sans interpositions de tuyaux résistants, à condition que chaque conducteur soit revêtu d'un fourreau en caoutchouc, ou autre matière équivalente, non scellé dans le raccord.

Connexions.

Art. 97. — Les connexions des lignes avec les tableaux et appareils autres que la lustrerie ne seront pas réalisées par soudures ni ligatures, mais par serrage de vis assurant un parfait contact.

Art. 98. — Pour les autres connexions, les soudures seront faites en évitant l'emploi de substances décapantes liquides ou acides.

Art. 99. — Les soudures et épissures ne devront pas constituer des points faibles électriquement ou mécaniquement.

Au droit des soudures ou épissures, l'isolement électrique sera établi avec des matières équivalentes à celles qui constituent l'enveloppe des conducteurs;

Les soudures ou épissures ne devront avoir à supporter aucun effort de traction.

Art. 100. — Sur les conducteurs souples, les ligatures métalliques sont interdites.

La jonction des conducteurs souples entre eux ou avec d'autres conducteurs sera faite par prises de courant avec contact à vis.

Art. 101. — Les dérivations de fils mobiles se feront par des prises de courant à fiches ou autres appareils équivalents.

Les fils mobiles seront reliés aux prises de courant de telle sorte que la traction ne puisse déchirer l'isolant ni détacher les fils de leurs connexions.

Art. 102. — Les connexions entre câbles sous plomb devront être étanches.

Coupe-circuits et interrupteurs.

Art. 103. — Chaque circuit principal ou dérivé sera muni d'un coupe-circuit multipolaire, sauf les exceptions ci-après :

Des circuits d'appareils groupés ne desservant qu'une puissance totale de 4 hw au plus pourront n'avoir qu'un coupe-circuit bipolaire.

Des appareils dispersés pourront être reliés à un coupe-circuit bipolaire unique, si la puissance totale ne dépasse pas 2 hw.

Art. 104. — Un coupe-circuit spécial sera placé à l'origine de tout circuit desservant des lampes placées à l'extérieur ou desservant un local humide.

Art. 105. — Les coupe-circuits seront placés aussi près que possible de l'origine des dérivations et groupés dans des endroits facilement accessibles.

Art. 106. — Sur les coupe-circuits, les pièces fusibles et vis de serrage seront protégées par un couvercle.

Les couvercles métalliques sont interdits, sauf pour les modèles d'appareil qui comportent un fusible noyé dans un bourrage protecteur suffisant.

Les coupe-circuits seront disposés de façon que, lors de la fusion, il ne se produise en aucun point ni arc durable, ni court-circuit.

Art. 107. — Les interrupteurs et commutateurs seront à rupture brusque, sauf le cas où ils n'auront pas à être manœuvrés en charge.

Les dispositions seront telles qu'il ne puisse y avoir ni échauffement anormal, ni arc permanent à la rupture, ni inflammation ou déformation d'aucune partie par suite de l'échauffement dû à un mauvais contact.

Art. 108. — Les têtes de vis ou boulons traversant la base seront recouvertes de matière isolante.

Art. 109. — Les appareils d'interruption et de sécurité auront des dimensions telles qu'ils ne puissent, par l'effet du courant, prendre une température anormale.

Les appareils munis de couvercles ne devront laisser passer hors de ce couvercle aucune pièce métallique nue en contact avec le courant.

Est interdit pour les socles l'emploi du bois ou de toute autre matière présentant la même inflammabilité.

Divers.

Art. 110. — Les appareils mixtes à gaz et à l'électricité seront séparés du reste de la canalisation à gaz par un raccord isolant.

Sont interdits les appareils dans lesquels la flamme du gaz peut échauffer les conducteurs.

Art. 111. — Dans les douilles de lampes à incandescence, les conducteurs seront autant que possible montés sur des supports isolants incombustibles, inaltérables à la chaleur et à l'humidité.

Les douilles seront isolées des appareils sur lesquels elles seront montées.

Art. 112. — Les lampes à arc seront isolées par leurs crochets de suspension.

Chaque circuit de lampe à arc comprendra sur chaque pôle un interrupteur et un coupe-circuit.

Les rhéostats de lampes à arc seront placés dans un endroit abrité, aéré et loin de toutes matières inflammables. Ils seront établis de façon à ne jamais s'échauffer à plus de 200° C. Les matières résistantes devront être éloignées d'au moins 5 cm des parois des murs ou tableaux.

Art. 113. — Les appareils suspendus par chaînes ou tiges seront isolés à leur point de suspension.

TITRE V. — APPAREILS D'UTILISATION.

Appareils autres que les moteurs.

Art. 114. — Sur les réseaux alternatifs, il ne sera pas admis d'appareils d'utilisation présentant en régime normal un facteur de puissance inférieur à 0,5.

Art. 115. — Les batteries d'accumulateurs seront protégées par un disjoncteur polarisé, indépendamment des interrupteurs ou coupe-circuits exigés.

Les rhéostats intercalés pour la charge des accumulateurs devront comporter un interrupteur à rappel automatique à zéro en cas d'interruption du courant.

Conditions applicables à tous les moteurs.

Art. 116. — Les moteurs de plus de 10 hw seront munis d'un rhéostat à rappel automatique à minimum de courant ou d'un dispositif équivalent.

Art. 117. — Les moteurs seront munis d'interrupteurs sur tous les pôles, le rhéostat de démarrage pouvant faire office d'interrupteur.

Ils seront protégés par des coupe-circuits ou disjoncteurs automatiques placés entre l'interrupteur et le moteur.

Art. 118. — Les moteurs porteront une plaque indiquant :
a. La tension aux bornes des induits et des inducteurs;
b. L'intensité absorbée à pleine charge;
c. Pour les moteurs à courant alternatif, le facteur de puissance à pleine charge.

Conditions applicables aux moteurs à courant continu.

Art. 119. — Sur les réseaux à courant continu, les moteurs absorbant plus de 10 hw seront alimentés sous la tension de 220 v.

Sur les réseaux à courant continu 5 fils, les moteurs absorbant plus de 20 hw seront alimentés sous la tension de 440 v.

L'excitation pourra se faire sous 110 ou 220 v.

Art. 120. — Le courant de démarrage ne devra pas dépasser le courant de pleine charge.

Conditions applicables aux moteurs à courant alternatif.

Art. 121. — Les moteurs synchrones à courant alternatif ne pourront être établis qu'après accord avec les concessionnaires.

Art. 122. — Sur les réseaux diphasés :
Les moteurs monophasés 110 v ne seront admis que si la puissance absorbée ne dépasse pas 1 hw;
Les moteurs monophasés 220 v seront admis jusqu'à 3 hw;
Au delà de 3 hw, il ne sera admis que des moteurs diphasés.

Art. 123. — Les moteurs monophasés seront disposés de façon à ne pas absorber un courant de démarrage supérieur à trois fois, à- une fois et demie ou à une fois le courant de pleine charge, suivant que la puissance absorbée à pleine charge sera inférieure à 5 hw, compris entre 5 et 100 hw, ou supérieure à 100 hw.

Art. 124. — Les moteurs diphasés seront disposés de façon à ne pas absorber un courant de démarrage supérieur à deux fois, à une fois et demie ou à une fois le courant de pleine charge, suivant que la puissance absorbée à pleine charge sera inférieure à 10 hw, comprise entre 10 et 100 hw, ou supérieure à 100 hw.

Art. 125. — Les facteurs de puissance ne devront pas être inférieurs aux valeurs indiquées ci-après :

Puissance des moteurs en hectowatts.	Facteurs de puissance.			
	Moteurs monophasés		Moteurs diphasés	
	demi-charge.	pleine charge.	demi-charge.	pleine charge.
2,5	0,1	0,60	0,55	0,70
2,5	0,55	0,68	»	»
10	0,58	0,70	0,55	0,75
10	0,62	0,75	0,64	0,80
50	»	»	»	»
70	»	»	»	»
100	0,65	0,78	0,72	0,83
300	0,74	0,83	0,75	0,86

L'écart entre les facteurs de puissance de chaque phase sera au plus de 6 pour 100.

Art. 126. — Pour l'estimation du calibre des compteurs, on se basera, non sur la puissance réelle des moteurs exprimée en watts, mais sur leur puissance apparente exprimée en volts-ampères.

A titre d'indication, le courant de pleine charge absorbé par les moteurs ne devrait pas dépasser les valeurs suivantes pour les puissances correspondantes indiquées ci-dessous :

Puissance absorbée par les moteurs (en hectowatts).	Courants de pleine charge par phase pour moteurs (en ampères).	
	Monophasés à 110 volts.	Diphasés à 220 volts.
2,5	5,75	1,2
5,5	11	2,5
10	18	4,5
40	64	15,5
50	78	18,5
70	102	25
100	158	55,6
500	400	92,5

Art. 127. — Ampliation du présent arrêté, qui sera inséré au *Recueil des actes administratifs* et au *Bulletin municipal officiel*, sera adressée :

1° A la Compagnie parisienne de distribution d'électricité ;
2° Au service technique de l'éclairage ;
5° A la direction de l'inspection générale et du contentieux ;
4° A la direction des affaires municipales ;
5° A la direction administrative des services d'architecture.

66461. — Imprimerie Lahure 9, rue de Fleurus, à Paris.